L'EMPIRE

LA RÉPUBLIQUE

LA MONARCHIE

DEVANT LA NATION

MARSEILLE

TYPOGRAPHIE ET LITHOGRAPHIE H. SEREN

Quai de Rive-Neuve, 3.

—

1871

L'EMPIRE
LA RÉPUBLIQUE, LA MONARCHIE
DEVANT LA NATION

Rien n'est plus pernicieux pour la société que de fausser l'esprit des hommes, et c'est cependant ce qu'on ne cesse de faire, en laissant s'accréditer des assertions entièrement erronées.

On a écrit et l'on continue à dire que Napoléon III a trahi la France à Sedan ; cependant une affirmation pareille est si contraire à la vérité qu'elle ne peut souffrir la discussion. Quel intérêt l'Empereur avait-il, en effet, à trahir la France et à perdre ainsi pour lui et son fils la plus belle couronne du monde ? Les personnes qui écrivent des choses semblables, avancent une opinion qui ne tombe pas sous les sens et qui peut être traitée d'inepte.

Nous ne sommes pas partisan de l'ex-empereur, et la suite de notre écrit le prouvera, mais nous devons dire la vérité.

Bonaparte a capitulé à Sedan parce qu'il lui était impossible de faire autrement. Il se trouvait enfermé dans une petite ville forte, non casematée, avec 80 mille hommes encombrant les rues et les places, n'ayant ni vivres ni munitions, entouré par 230 mille Prussiens qui couronnaient les hauteurs dominant la ville, et qui y avaient mis en batterie 300 pièces de canons, dont le feu plongeant dans la place n'aurait, en une journée, non seulement pas laissé un soldat vivant mais encore pas une maison debout.

La capitulation de Sedan est due à l'incapacité du gouvernement de la régence et du ministère de la guerre qui contraignit le maréchal de Mac-Mahon à suivre un plan de campagne, lequel aboutissait fatalement à le faire enfermer dans cette forteresse ; l'illustre maréchal avait hautement protesté contre ce plan, qu'il n'exécuta que lorsqu'un ordre formel du ministre de la guerre le força à marcher.

Le résumé que je viens de faire de la capitulation de Sedan est succinct mais rigoureusement exact. Je n'ai voulu relater aucun passage des divers rapports militaires, ni les appréciations des hommes de guerre, qui démontrent jusqu'à l'évidence ce que je viens d'écrire, par la raison qu'ils sont suffisamment connus et qu'ils imposeraient à cet article un trop long développement ; mais qu'on les relise et l'on verra qu'ils concluent tous à la même opinion que celle que je donne ici.

Ainsi donc, dire que Napoléon III a trahi la France, n'est pas soutenable ; en avançant des propositions de cette nature on arrive à l'absurde.

Mais s'il ne l'a pas trahie, c'est lui et le parti républicain qui ont amené la malheureuse position dans laquelle se trouve actuellement notre pays. Je vais le prouver d'une façon claire et précise ; mais pour cela, il faut remonter 20 ans en arrière.

Pendant les huit premières années de son règne, Napoléon III passa aux yeux de l'Europe pour un grand homme, et s'il fut mort au bout de cette période, son nom serait allé à la postérité. Un coup d'État habilement préparé et vigoureusement exécuté ; la guerre de Crimée heureusement terminée, qui l'avait rendu vainqueur de la plus grande puissance de l'Europe, et un gouvernement fort, environné du prestige que donne toujours la force, avaient entouré l'Empereur d'une auréole de gloire et de puissance que le trône de France n'avait pas vue depuis un demi-siècle. La guerre d'Italie elle même, quoique impolitique, ajouta à cette gloire ; en effet, la France était encore une fois victorieuse d'une puissance considérable, éminemment guerrière. La paix de Villafranca fut aussi un fait très habile, parce que tout en diminuant la puissance de l'Autriche, elle ne donnait pas une extension énorme à l'Italie.

Cependant, comme je viens de le dire, la guerre contre l'Autriche était impolitique, car si elle diminuait l'influence de cet empire en Italie, elle créait un royaume nouveau touchant à la France. La paix de Villafranca venait, il est vrai, atténuer le mal, mais il fallait pouvoir maintenir le traité dans toute son intégrité, chose présentant des difficultés qu'on eut dû prévoir. Nous avions d'ailleurs le plus grand intérêt à conserver de bons rapports avec l'Autriche, qui était notre alliée naturelle, contre les états du Nord, dans les différents qui pouvaient surgir soit pour la question d'Orient, soit pour toute autre. Mais pour que le traité de Villafranca fut observé dans toute sa teneur, il eut fallu un homme supérieur, un Henri IV ou un Louis XIV, et Napoléon n'était qu'un souverain ordinaire. Le traité fut violé presque aussitôt que signé, et au lieu de l'influence de l'Autriche en Italie, supérieure à la notre, influence d'un peuple situé à 400 lieues de la France, nous créâmes un royaume de 23 millions d'habitants, sur nos frontières immédiates.

La guerre d'Italie était donc désastreuse à tous les points de vue. Laisser violer le traité de Villafranca était une faute immense et irréparable ; car si on l'avait maintenu, l'Autriche n'eut pas été, en 1866, dans la nécessité de diviser son armée pour en envoyer une partie contre Victor Emmanuel, qui avait alors 200,000 hommes à mettre en avant, ce qu'il n'eut pu faire sans les annexions. L'Autriche ayant toutes ses forces disponibles pouvait tenir tête à la Prusse, et le désastre de Sadowa n'aurait pas eu lieu. Par conséquent, il est de la dernière évidence que la guerre de 1859 est la cause première des malheurs qui nous accablent aujourd'hui ; car à partir du moment où François Joseph fut vaincu, Guillaume prenait dans la Confédération Germanique la prépondérance qu'avait eue jusqu'alors l'empire Autrichien, et pouvait, après 1866, en forçant les souverains de l'Allemagne du Nord et du Sud à marcher sous sa bannière, entreprendre la guerre contre la France, guerre dont il cherchait depuis 4 ans le prétexte, que l'incapacité et la sottise de nos gouvernants se chargèrent de lui fournir.

La guerre d'Italie commença l'ère des fautes de l'Empire qui ne devait plus s'arrêter dans cette voie. Je passe rapidement sur celle du Mexique, insigne folie, telle qu'on doit dire qu'il n'en fut jamais de pareille, car jamais on ne put en déterminer l'objet ni le but.

J'arrive à la guerre de la Prusse contre le Danemark, guerre imple, qui n'avait pour prétexte que celui du fort sur le faible, qui ne fut entreprise que par esprit de conquête et qu'un mot de la France eut pu empêcher ; mais elle marchait désormais avec un bandeau et n'aperçut nullement les menées de M. de Bismark en Allemagne, ni le but qu'il poursuivait. Cependant la route que tenait obstinément la Prusse, la conduisait à attaquer l'Autriche en 1866.

Cette déclaration de guerre, on le pensait, devait dessiller les yeux de l'Empereur, il n'en fut rien ; ni Napoléon ni son gouvernement ne virent ce que les hommes doués du moindre sens politique avaient deviné depuis longtemps ; c'est-à-dire que si la Prusse avait la victoire, le but qu'elle convoitait depuis 50 ans de devenir la tête de la Confédération Germanique était atteint. On ne comprit pas que son ambition ne se bornerait pas là, et qu'aussitôt que sa rivale serait écrasée, elle en profiterait pour faire de tous les habitants des royaumes, principautés et duchés allemands, ses sujets, et des rois, princes et ducs, ses tributaires. Pas plus alors qu'en 1859, à l'époque de la guerre d'Italie, on ne vit que notre intérêt le plus grand était de soutenir l'Autriche contre la Prusse, parce que non seulement l'extension de cette puissance était contraire à l'équilibre européen, mais encore constituait un danger imminent pour la France ; car la Prusse touchait à nos frontières, et avec les forteresses de Mayence, Coblentz et Cologne elle pouvait passer le Rhin quand bon lui semblerait.

Voilà ce que Napoléon laissa accomplir, sans faire la moindre démarche pour s'y opposer, lorsque 200 mille hommes envoyés sur le Rhin, auraient mis la Prusse dans l'impossibilité d'attaquer l'Autriche ; quant à l'Italie, elle ne fut pas devenue son alliée si la France eût jeté son épée dans la balance.

Ce qui devait arriver se réalisa, l'Autriche fut vaincue, son vainqueur marcha rapidement au but qu'il voulait atteindre et que je viens d'indiquer, l'Allemagne entière marcha sous sa bannière et elle se disposa à attaquer la France.

La chose n'était un secret pour personne ; principalement dans la période qui suivit de 1866 à 1869, les journaux en furent constamment occupés ; chaque jour ils nous annonçaient que la guerre était inévitable, en nous apprenant ces immenses armements ; mais ces avertissements étaient prématurés : la Prusse avait besoin de compléter son organisation militaire déjà considérable et qu'elle voulait rendre formidable.

Enfin la candidature du prince de Holenzolern au trône d'Espagne lui fournit une occasion ; en se jetant dans le piége que M. de Bismark leur avait habilement tendu, Bonaparte et ses hommes d'état, dont l'incapacité était complète, ne connaissaient non seulement rien de l'armée allemande ni de ses éléments, mais encore rien de la nôtre. Ils ignoraient jusqu'au nombre d'hommes que nous pouvions mettre en ligne, et cette ignorance de toutes choses alla si loin, que l'intendance ne put jamais fournir à l'armée en campagne la quantité suffisante de vivres et de munitions ; mais sur l'affirmation du ministre de la guerre, Lebœuf, en plein corps législatif, que nous étions cinq fois prêts, l'Empereur attaqua le Roi Guillaume avec 300,000 hommes, alors que tous les rapports de nos agents diplomatiques et des voyageurs qui parcouraient l'Allemagne s'accordaient à dire que la Prusse à l'aide de son organisation militaire pouvait mettre en avant 1,200,000 hommes. Napoléon a écrit ou fait écrire que croyant être plutôt prêt à entrer en campagne que le roi Guillaume, son plan était de couper les armées du sud de l'Allemagne de celle du Nord ; mais quoi qu'il puisse dire à cet égard, quel que

fut son plan de campagne, il n'est pas moins vrai qu'il a tenté alors de s'opposer à la jonction de 1,200,000 hommes, avec 300,000 hommes à peine, ce qui ne pouvait venir qu'à l'esprit de gens frappés de folie.

Il y a donc à inférer de tout ce qui précède que Napoléon n'était nullement un traître, mais qu'il était incapable, que ces hommes d'état se trouvaient dans le même cas et qu'ils ont conduit la France à sa ruine.

Mais si Bonaparte nous a mis où nous en sommes, il a été grandement aidé dans cette tâche par les républicains ; car quelle a été l'attitude de ce parti pendant les événements les plus importants de son règne ; l'opposition radicale poussa de toute sa force à la guerre d'Italie, qui n'eut pas de partisans plus ardents. Cette guerre qui, aux yeux des hommes clairvoyants et vraiment patriotes, était une faute irréparable, fut approuvée par ce parti avec le plus grand enthousiasme, et cette phrase restée célèbre : *Il faut que l'Italie soit libre des Alpes à l'Adriatique*, prononcée par l'Empereur, à son entrée en campagne fut, on s'en souvient, accueillie par les républicains avec d'immenses applaudissements. On sait à quoi aboutit tout cela ; en 1863, dans les pays annexés, il y avait 70 mille citoyens qui gémissaient dans les prisons. Quant au nombre de ceux qui furent fusillés, on ne peut le citer qu'en frémissant d'horreur ; le crime de ces hommes emprisonnés et fusillés était d'aimer leur patrie et de vouloir leur autonomie. Voilà la liberté dont jouit l'Italie après que nous l'eûmes rendue libre ; on connaît aussi la reconnaissance que nous ont valu de la part des Italiens les millions dépensés pour eux et les milliers de soldats qui sont tombés pour leur cause sur les champs de bataille de Palestro, de Magenta et de Solférino ; qu'on lise leurs journaux et l'on verra quel est l'amour dont ce peuple nous entoure. La plus noire ingratitude c'est tout ce que nous avons recueilli pour nos immenses sacrifices.

Quant à la guerre de 1866, le parti radical se prononça énergiquement contre toute intervention française ; il dit que l'union des peuples était une chose sainte : sa sympathie pour la Prusse

fut nettement accusée et le langage de ses organes les plus accré-
dités fut tel, que l'on se demandait partout si ces feuilles étaient
subventionnées par M. de Bismark.

Lorsque le maréchal Niel proposa l'organisation de la garde
mobile, ce qui était la seule chance que nous eussions de repousser une invasion allemande, en opposant 1,200,000 Français à
autant d'Allemands, mesure qui eut fait réfléchir la Prusse, si
elle eut été suivie d'effet, l'opposition républicaine fut si forte
que, malgré le vote de la loi, Bonaparte n'osa pas la mettre en
vigueur, et 15 jours avant la déclaration de la guerre, l'opposition poussait par ses agissements la commission du budget
à supprimer la garde impériale et à diminuer l'effectif de
l'armée.

Ainsi donc les républicains, aussi bien que Napoléon, ont perdu
la France, en approuvant toutes les fautes qu'il commettait et en
combattant toutes les mesures utiles qu'il voulait prendre. Si
Bonaparte eût été un grand homme, tout ce qu'eût pu faire le
parti radical ne l'aurait pas fait dévier de sa route et il l'eût
contraint au silence ; mais c'était, je l'ai dit, un homme ordinaire, que le hasard de circonstances heureuses avait fait passer
pour un souverain habile ; la faiblesse de son caractère et de son
esprit porta sa politique uniquement sur un seul point : louvoyer
constamment entre le parti conservateur et le parti républicain.
La guerre d'Italie ne fut entreprise que pour donner satisfaction
à ce dernier, et le mot : *Il faut que l'Italie soit libre des Alpes à l'Adriatique,* fut fabriqué pour ce parti. C'est pour lui qu'il abandonna
et soutint le Pape tour à tour. Cette politique misérable et pusil-
lanime devait tôt ou tard porter ses fruits ; car un gouvernement
n'adopte pas impunément pour règle de conduite, la faiblesse et
la versatilité.

J'ajouterai que lorsqu'un gouvernement est sans cesse en butte
aux attaques des factions et qu'il se trouve dans la nécessité de
se garder constamment contre la révolution, rien ne saurait le
sauver, si une guerre éclate avec l'étranger, car il ne peut dis-
poser que d'une portion de ses forces.

Quant Napoléon se mit en campagne pour la guerre que nous venons de subir, il fut contraint de laisser plus de cent mille hommes dans Paris seulement. En Prusse, en Allemagne, en Angleterre, l'esprit patriotique domine toutes les opinions et tous les intérêts. On peut affirmer qu'en France le parti démocratique ne pratique pas cette vertu, car avant, pendant et après la guerre sa devise est : périsse la France, plutôt que la république.

Je dois dire aussi que quant le principe d'autorité est à toute heure battu en brêche, que les plus mauvaises doctrines sont prêchées commes œuvres pies et les bonnes avilies, et cela depuis 80 ans ; la désorganisation sociale et l'anarchie en est inévitablement la suite. L'état de la société influe toujours sur celui de l'armée ; la loi et l'autorité étant tombées dans le mépris, la discipline n'existait presque plus parmi nos soldats. C'est par les écrits de la presse républicaine que nous en sommes arrivés là, et que nous avons assisté, impuissants, au drame terrible dont nous fûmes les témoins.

Il est donc indiscutable aujourd'hui, et les événements l'ont prouvé, que c'est l'empire et les républicains qui ont perdu notre patrie. La monarchie avait fait la France ce qu'elle était encore, il y a un an, grande et glorieuse, en nous donnant peu à peu les provinces qui la forment. Le dernier roi légitime, Charles X, nous apporta l'Algérie, magnifique conquête, qui sera un jour une seconde France, par l'étendue de son territoire et par la richesse de son sol.

Que nous a apporté la république ? Celle de 93, nous donna l'échafaud, les massacres et la ruine ; elle nous amena la dictature de Napoléon 1er et l'invasion de 1814 et 1815. Sous la république de 48, nous eûmes l'émeute en permanence et la guerre civile, le commerce ruiné, l'industrie complétement anéantie ; de même qu'après 93, nous avons eu un Bonaparte qui lui aussi nous a amené l'invasion, suivie d'une nouvelle république, dont les chefs encore plus incapables que Napoléon, ont failli nous livrer complétement à la Prusse.

On peut dire hautement que jamais gouvernement n'a poussé

l'incapacité et l'incurie aussi loin que celui du 4 septembre. Il a formé des armées, mais les soldats n'avaient ni armes, ni vêtements, ni chaussures. Un grand nombre sont allés au feu avec des fusils à percussion dont les batteries étaient telles, qu'ils rataient 8 fois sur 10, tandis que la garde nationale de certaines villes avait des chassepots ; et nous avons assisté, dans une année de récoltes abondantes, au triste spectacle de nos soldats au combat, restant 3 et 4 jours sans nourriture, et obligés de manger de l'herbe pour tromper leur faim. Dans les pays non envahis nous avons vu des corps de troupes manquant de pain pendant 24 heures et nourris par l'habitant, qui pleurait en considérant de si grandes misères. Voilà l'organisation militaire que MM. Gambetta et Cie ont donnée à nos armées.

Ce gouvernement a commis toutes les fautes : la dictature la plus entière, telle qu'il faudrait aller en Turquie pour en trouver une semblable ; le suffrage universel, la première des institutions démocratiques supprimé ; toutes les libertés foulées aux pieds ; celle de la presse mise à néant ; la *Province*, la *Gazette du Midi*, l'*Union de l'Ouest,* etc., etc., suspendues, et même la liberté individuelle violée ; M. Fournier, rédacteur de la *Province*, emprisonné et M. Guyot-Montpeyroux, un républicain de la veille, jeté dans un cachot, parce qu'il avait osé blamer les actes et les habiles plans de campagne de M. Gambetta ; les généraux révoqués à tour de rôle et rendus responsables des fautes que l'ignorance de toutes les choses de la guerre fesait commettre chaque jour. Le vol et le pillage de nos finances étaient organisés sur la plus vaste échelle, et d'un bout de la France à l'autre, nous avons pu voir le scandale, aussi criminel qu'ignoble, de fonctionnaires petits et grands, devenant sous main fournisseurs des armées et permettant ainsi les marchés les plus honteux, tels que ces dix milles paires de souliers, dont on pouvait enlever la semelle en la grattant avec l'ongle, et cette fourniture de vareuses, dont le drap, lorsqu'on le brossait, venait tout à la brosse. C'est avec cet équipement qu'on envoyait nos soldats devant l'ennemi, par un froid de 17 degrés et 3 pieds de neige.

Voilà ce qu'on fait nos gouvernants, et encore je ne dis pas tout. Jamais incapacité, incurie et ignorance ne furent jointes à une aussi grande outrecuidance. Ce sont ces hommes qui ont perdu nos armées, la confiance du soldat et la France. Ce sont eux qui sont responsables devant notre pays et devant le monde, des effroyables malheurs que nous avons subis et qui nous environnent encore de toute part.

Et cependant ces hommes avaient tous les moyens possibles à leur disposition pour réussir; quoique Napoléon eut laissé l'armée dans un état déplorable, ils pouvaient en peu de temps en lever une plus formidable, pendant que les Prussiens seraient arrêtés devant Paris, parce qu'ils avaient à leur disposition des hommes, de l'argent et le concours entier de la nation; jamais une plus grande concorde n'avait régné dans un pays; devant l'envahissement de l'étranger, tous les partis s'étaient effacés, et si on en excepte les divisions des républicains, qui produisirent les émeutes de Paris, Lyon, Marseille, etc., etc., jamais union ne fut plus complète. Tous les citoyens donnaient leur argent; les soldats partaient sans un murmure, sans une plainte, avec joie, avec enthousiasme. Alors on peut dire, en s'adressant à ces hommes : quelle a été votre sollicitude pour ces soldats? qu'en avez vous fait? on les a trouvés par milliers sur les routes, presque sans vêtements et sans chaussures, morts! morts de froid et de faim!

Que penser de la Commune et de la guerre civile qui vient d'éclater à Paris, sinon que c'est une conséquence forcée du gouvernement républicain, la révolution dans la révolution. En 91, la Constituante est chassée par la Législative; plus tard, la Convention par le Directoire, et tous ces changements sont toujours accompagnés d'émeutes sanglantes et de la guillotine. Aujourd'hui la marche de la révolution semble vouloir suivre une pareille voie. Au 4 septembre, MM. Jules Favre, Picard, Garnier-Pagès et consorts s'emparent violemment du pouvoir, avec le seul concours de la démagogie parisienne, sans celui de la nation. Les mauvais exemples sont contagieux; au 18 mars, MM. Félix Pyat, Millière, Delescluze et autres s'en saisissent de même. On le voit, en 93, en 48, en 70 l'anarchie, toujours l'anarchie. C'est donc en France un état de choses inhérent à la république. Les faits sont là, patents, irrécusables ; les trois expériences fatales que nous avons faites de ce genre de gouvernement nous l'ont prouvé.

Les radicaux, malgré cela, prétendent que leur cause est celle du progrès et de la civilisation : c'est à la barbarie que vous nous ramenez, leur dirons-nous.

Le gouvernement du 4 septembre est responsable du traité honteux de paix qui vient d'être signé, de l'avénement de la Commune et de ses épouvantables conséquences, parce que dans le premier cas, il est avéré aujourd'hui que si une puissance régulière eut existé en France, après la capitulation de Sedan, la paix se serait faite avec des sacrifices infiniment moins considérables. Dans le second cas, la prise d'armes du 18 mars n'eut pu avoir lieu, parce que aucun pouvoir autre que celui des radicaux n'eut laissé la garde nationale armée. C'est une loi immuable de la République que ses chefs doivent toujours marcher en avant et adopter les mesures les plus dangereuses (ils appellent cela des libertés); tout homme au pouvoir qui s'arrête dans cette voie est perdu, il devient impopulaire et se trouve remplacé immédiatement par le premier tribun venu, qui promet d'octroyer ce qu'un autre ne veut pas donner. C'est pour satisfaire leur soif de popularité, uniquement par la crainte de perdre le pouvoir, que les hommes de septembre ont permis à la garde nationale de rester armée , malgré que les gens possédant la moindre prévision, vissent tous à quel effroyable danger Paris était voué. Ils sont ainsi entièrement responsables des monceaux de ruines et de cadavres accumulés dans cette ville infortunée. Tous les sophismes et toutes les subtilités que les partisans de ces individus ainsi que de leurs principes ont réunis pour les disculper, ne les laveront pas aux yeux de la nation.

Il est donc temps de revenir aux vrais principes de Dieu : le roi légitime, le droit et la justice ; hors de là tout est révolution. Du reste, je le demande, quel est le véritable Français qui pourra repousser le petit fils de Henri IV, le grand roi, le père du peuple, le glorieux des glorieux, lorsque ce descendant est, comme son aïeul, le prince le meilleur, le plus noble et un des plus éclairés de l'Europe?

Je me résume : la monarchie de St-Louis, de Henri IV et de Louis XIV avait fait de nous le plus grand peuple de la terre, en nous donnant de magnifiques conquêtes ; en revanche, la République et les Bonaparte nous ont apporté l'échafaud, les massacres, la guerre civile, la ruine et l'invasion ; ils ont fait de la France un pays démembré et des Français un peuple près d'être conquis.

Je dirai, en terminant, que tout ce que je viens d'écrire est l'histoire, l'histoire de notre temps ; que par conséquent c'est l'expression de la plus exacte vérité et qu'il n'y a pas un mot à changer. Les personnes qui sont au courant de la politique et des événements accomplis depuis 20 ans, n'auront pas besoin de preuves pour le reconnaître, leur souvenir suffira ; mais que ceux qui les ont oubliés ou ne veulent pas y croire, ouvrent les journaux de notre époque, et ils y trouveront un à un et mot à mot tous les faits dont j'ai donné dans ces quelques pages la relation succinte et l'appréciation la plus impartiale.

10 Août 1871.

Marquis De RENAUD D'ALLEN.

Typographie et Lithographie H. SEREN, quai de Rive-Neuve, 3.

www.ingramcontent.com/pod-product-compliance
Lightning Source LLC
Chambersburg PA
CBHW061559050726

47595CB00009B/3888